zuckersüß & knüppelhart

Gedichte, Geschichten & Gedanken
von Jörg Wilhelm Naber

Wer glaubt mich zu kennen, der hat ein großes Abenteuer vor sich!

zuckersüß & **knüppelhart**

Gedichte, Geschichten & Gedanken
Jörg Wilhelm Naber

Bibliografische Information der Deutschen Nationalbibliothek: Die Deutsche Nationalbibliothek verzeichnet diese Publikation in der Deutschen Nationalbibliografie; detaillierte bibliografische Daten sind im Internet über http://dnb.dnb.de abrufbar.

Herstellung und Verlag: BoD — Books on Demand, Norderstedt

ISBN: 978-3-7578-8324-9

Inhaltsverzeichnis

Vorwort

„Von der Geburt bis in den Tod erstreckt sich der Bogen
unseres Lebens. Wir durchleben eine Vielzahl von Episoden,
von Siegen bis zu Niederlagen, von Gewinnen bis zu Verlusten,
von der Geburt bis in den Tod.“

Die Liebe, dieses ergreifende Hochgefühl, nimmt einen
bedeutenden Platz in unserem Leben ein. Dieses Werk taucht
tief in dieses Thema ein, sowohl in seinen strahlenden Höhen
als auch in seinen schmerzlichen Tiefen. Es erkundet die
verschiedenen Facetten der Liebe, die uns im Laufe des Lebens
begegnen. Dabei geht es nicht nur um den Schmerz des
Abschieds, wenn eine Liebe vergeht, sondern auch um andere
menschliche Bedürfnisse, die in lyrische Form gebracht werden.
Sei es der Wunsch nach Anerkennung oder das Verlangen nach
Freiheit. Sei es die Eifersucht, die in kleinen Dosen eine
Beziehung beleben kann, aber im Übermaß zerstörerisch wird.

Dieses Buch ist eine Einladung in die Welt der Träume, einen
Raum, in dem wir uns geborgen fühlen. Auf eine angenehme
und denkwürdige Weise vermittelt es vielleicht Situationen und
Gedanken, die das Bewusstsein des Lesers wecken, Trost
spenden und vor Fehlern bewahren können. Doch vor allem
soll es Hoffnung schenken und Gelegenheit bieten, sich
zeitweise in eine Traumwelt zurückzuziehen, um dort neue
Kraft zu schöpfen.

Das Leben und die Liebe

Das Leben, es kann so wunderschön sein. Begleitet von dem
Glück der Liebe, der vertrauten Nähe eines Menschen, der das
eigene Herz besitzt. Eine Zweisamkeit, die in der Lage ist, jedem
Angriff von Außen zu widerstehen.
Doch die Prüfungen, die uns das Außen auferlegt sind hart und
immer wiederkehrend. Zweifel kommen auf, Eifersucht entsteht,
die Liebe wird oft auf harte Proben gestellt.

Die Villa der Liebe

Bei der Liebe ist es wie beim Hausbau:
Auf einem schlechten Fundament kann man keine Villa bauen.

Manchmal...

Manchmal sehn ich mich nach Deiner Haut,
so reizvoll sanft und so vertraut.
Manchmal möcht ich mit Dir kuscheln,
was Liebes Dir ins Öhrchen nuscheln.
Manchmal Deine Lippen schmecken,
manchmal auch ein wenig necken.

Manchmal möcht ich nicht versäumen,
ganz einfach nur mit Dir zu träumen.
Die Augen einfach zu zumachen,
im Geiste fühlen schöne Sachen.

Manchmal bin ich in Gedanken,
gefühlsmäßig gar sehr am schwanken.
Manchmal will ich mit Dir reden,
den Geist mal in die Lüfte heben.
Manchmal bin ich gern allein,
doch meistens will ich bei Dir sein.

Kraft der Liebe

Weil es Dich gibt, weil Du mich liebst, habe ich die Kraft, die ich in mir spür', kann so sein wie ich bin. Deine Liebe macht mich stark, gibt mir Kraft in allen Belangen.

Nie dürfte mein Leben in andere Hände gelangen.

Wenn ich im Büro sitze, durch die Stadt gehe oder sonst wo, in meinen Gedanken versunken, verweile, Du bist immer gegenwärtig und füllst mein Herz mit Freude.
Es ist mein größter Trost, nach den Schwierigkeiten oder Misserfolgen des Tages, deprimiert nach Hause zu kommen, und zu wissen, Du bist da. In Sekundenschnelle erfüllt mich Dein Lachen mit Zufriedenheit. Das Strahlen Deiner Augen erleuchtet den Abend und reißt mich zurück in ein wertvolles Dasein.
Deine Ausstrahlung ist wie eine Dusche, die jegliche Probleme von mir wäscht.

Ich brauche Dich.

Das Strahlen Deiner Augen
mich immer verzückt,
das Lachen Deines Mundes,
das macht mich verrückt.
Wenn ich Dich nicht sehe,
fühl ich mich allein,
ich brauch Deine Nähe,
sonst gehe ich ein.

Ohne Worte…

geht nix.

Berufung

Schreiben ist eine Berufung aus dem Geiste heraus.

Diktat

Die Worte der Liebe, ich schreibe sie hier,
diktier' sie der Feder und schenke sie Dir.

Die Rose

Jeden Tag eine Rose für Dich,
dazu schreib ich Dir ein kleines Gedicht.

Der Tag, der soll Dir viel Liebe schenken,
zerstreue mal heut all Deine Bedenken.

Öffne Dein Herz, lass Liebe hinein,
wie schön kann so ein Tag dann sein.

Siehe die Rose, wie schön blüht sie doch,
ein Sinnbild der Liebe, es gilt immer noch.

Nicht jeden Tag kann eine Rose ich geben,
doch Worte der Liebe im wirklichen Leben.

Das Wochenende

Es war ein schöner Samstagabend gewesen. Wir waren bei unserem alten Griechen. Wie immer, wenn wir da waren, hatten wir gut gegessen und viel Spaß, er war großzügig wie immer. Gestern war es aber noch etwas anders als sonst.
Er setzte sich zu uns an den Tisch und schenkte uns Dreien einen leckeren Rotwein ein. Eine gute Unterhaltung entwickelte sich. Hin und wieder musste eine neue Flasche Wein geholt werden. Später kam noch seine ganze Familie dazu. Er holte seine alte Fidel und fing an alte griechische Lieder zu spielen. Es wurde ein schöner Abend, man brachte uns heimische Tänze bei und es wurde viel gelacht. Ja feiern, das können sie, die Griechen.

Später, gegen halb vier sind wir total k.o. ins Bett gefallen, wir liebten uns ganz zärtlich und sehr intensiv. Wir genossen unsere Gefühle zueinander wie selten zuvor. Es muss gegen halb sechs gewesen sein, als wir engumschlungen eingeschlafen sind.

Um Neun Uhr wurde ich wach, weil die Sonne durch das Fenster auf unser Bett schien. Langsam und vorsichtig hatte ich mich von Dir gelöst. Meinen Kopf aufgestützt und Dich einfach bewundert. Wie ruhig und friedlich Du dagelegen hast. Fast wie ein kleines Kind, das sich behütet und beschützt fühlt. Du hast so schön ausgesehen, ich konnte meine Augen nicht von Dir nehmen. Langsam und mit einer Liebe im Herzen, die ich glaubte nie wieder zu spüren, genoss ich jeden Millimeter, den meine Augen von Dir ertasten konnten. Deine Haut schien so weich und zart. Und selbst im Schlaf strahlte Dein Gesicht Lebensfreude aus. Wie eine elektrische Spannung durchlief es mich, als Du Dich im Schlaf recktest, Deine Hand nach mir suchte und sich auf meinen Oberarm legte. Ich konnte kaum atmen, wagte nicht mich zu bewegen. Sanft streichelte ich mit meinen Fingerspitzen über Dein zartes Gesicht. Du lächeltest mich im Schlaf an und ich spürte es in meinem Herzen. Ich hatte das Gefühl, der glücklichste Mann der Welt zu sein.

Kurz vor zehn habe ich mir den Bademantel übergezogen
und unten beim Bäcker, der sonntags nur bis zehn auf hat,
noch schnell ein paar frische Brötchen geholt. Ich konnte nicht
widerstehen und habe auch eine der überteuerten Flaschen Sekt
mitgenommen. Ich bereitete in der Küche das Frühstück vor und
stellte alles auf ein Tablett.
Ja, und nun sitze ich wieder hier an Deinem Bett, genieße es Dich
zu betrachten und warte, dass Du Deine Augen öffnest und wir
den Sonntag genießen können...

Brennende Liebe

Brenne, brenne Feuer der Liebe, erlösche nie,
denn Du bist der Sinn meines Seins.

Ein schönes Paar

Da ist ein Mann, der ist so reich, dass er das Geld bis an sein Lebensende nicht ausgeben kann. Er hat eine wunderschöne Frau an seiner Seite, 25 Jahre jünger als er, optisch wirklich eine Augenweide. Wenn man sie sieht, das schönste Paar der Welt. Sie sind wirklich reich.

Erst ein Blick hinter die Fassade zeigt, dass dieser Reichtum nicht der Reichtum ist, der allgemein als erstrebenswert erscheint. Sie liebt sein Geld, und er liebt ihren Körper, ihre repräsentativen Vorteile.

Um wie viel reicher sind doch die, die sich da wirklich lieben.

Werte der Tiefe

Die wahren Werte liegen oft im Tiefen, verborgen im Inneren und erst sichtbar, wenn es gelingt dem Druck der Tiefen zu trotzen und ihn auszuhalten.
Selten sieht man die Werte, wenn man nicht selber diese Wertigkeit oder den Wunsch nach diesen Werten verspürt. Dieser eigene Anspruch bleibt dann versunken in den ewigen Tiefen des eigenen Ichs.

Schade.

Sei ein Rebell

Sei ein Rebell, stelle Dich gegen die Piraterie von
Macht und Geld.
Kämpfe und trotze ihr, bevor sie sich nimmt, was
Dein Ein und Alles ist.

Schluck es...

Du sagtest, Du liebst mich, ich habe es geschluckt.
Du sagtest, Du willst mich, ich habe es geschluckt.
Du sagtest, Du brauchst mich, ich habe es geschluckt.
Du sagtest, Du willst ein Kind mit mir, ich habe es geschluckt.
Du sagtest, Du brauchst Deine Kumpels, ich habe es geschluckt.
Du sagtest, Du brauchst Deine Freiheiten, ich hab es geschluckt.
Du sagtest, Du brauchst den Orgasmus, ich habe es geschluckt.

Aber nun, sorry, ich muss mal kotzen.

Ausgeflogen

Aus Angst, den geliebten Partner zu verlieren, machen wir Fehler und treiben ihn von uns fort. Aus Mangel an Vertrauen sperren wir ihn in einen Käfig, wollen ihn nur für uns. Aber wehe, wenn dann einmal die Tür auf ist.

Kondom

Liebe ist wie ein Kondom,
nach Gebrauch wegzuwerfen?

Tuning – Werkstatt

Schon wenn Menschen lieben oder gerade weil sie lieben, fangen sie an, den Partner zu ändern und ändern solange an diesem herum bis sie ihn nicht mehr lieben.

Rückwärtsgang erforderlich

Erst im Laufe des Lebens lernen wir, dass die Liebe ihre Freiheit braucht und dass die Zweisamkeit, der man anfangs aus Liebe zugestimmt hat, sich später als nicht tragbar erweist.

Das Verlangen

Man verlangt guten Sex, Du machst es.
Man verlangt eigenes Geld, Du bringst es.
Man verlangt Geborgenheit, Du erfüllst es.
Man verlangt die Sicherheit, Du gibst sie.
Man verlangt Vieles, Du opferst Dich.

Man verlangt mehr Zeit von Dir ... Du kapitulierst.

Hochzeit

Wenn du glaubst, dass du liebst, solltest du nicht heiraten.
Finde erst heraus, ob du liebst.

Liebeseigenschaften

Nichts kann so nah beim Hass sein wie die Liebe,
Nichts kann mehr Schmerzen bereiten als die Liebe,
Nichts kann so krank machen wie die Liebe,
Nichts kann mehr Gefahren bereithalten als die Liebe.

Dennoch sehnen wir uns nach Liebe. Warum?

Teufelskreis von Macht und Geld

Macht kann nur vom Geld beherrscht werden. Geld jedoch
bestimmt die Macht.
Ein Teufelskreis, der zu Lebzeiten nur von Dir gebrochen
werden kann.

Macht oder Liebe?

Macht den Machtbesessenen,
mehr Macht den Liebenden.

Am Ende gewinnt die Liebe

Geld und Macht werden nie gewinnen. Am Ende bleibt nur die
Liebe. Nur sie geht über den Tod hinaus.

Flecken auf der Seele

Es sind doch nur Flecken,
und doch sind sie da,
sie brennen und martern,
sind niemals ganz rar.

Die Flecken, sie schmerzen,
Du kommst nicht zur Ruh.
Sie liegen im Herzen,
im Hirn schrei´n sie „buh".

Dein Herz ist nun stärker,
hört nicht, was Du schreist,
der Schmerz wird noch härter,
sieht nicht, dass Du weinst.

Du siehst keine Lösung,
Du siehst keinen Weg.
Nun stehst Du am Ende,
stehst einsam am Steg.

Stehst einsam am Ende,
stehst einsam herum,
es gibt eine Wende,
dreh Du Dich mal um.

Hochseilakrobatik

Liebe ist wie der Balanceakt auf dem Drahtseil, ein Fehltritt, und es ist vorbei.

Ich ...

Ich bin es leid, abzustreiten wer ich bin,
ich bin es leid, abzustreiten wie ich bin,
ich bin ich, und ich weiß, dass ich das kann.

Zart & zerbrechlich

Liebe, zart wie das Blütenblatt einer Rose,
zerbrechlich wie das Eis in gleicher Stärke.

Weinendes Herz

Wenn Du keine Tränen mehr hast, fängst Du an, mit dem Herzen zu weinen. Das ist auf Dauer tödlich, denn das Herz weint mit Tränen aus Blut.

Die eigene Geschichte

Jeder Mensch hat seine eigene Geschichte. Eine Geschichte, die nur er kennt, und über die sich kein anderer ein Urteil erlauben sollte.

Akzeptanz des Anderen

Veränderst Du den Menschen, zwingst Du ihm Deine Ansichten auf, so schwächst Du Eure Partnerschaft um die Stärken, die Du nicht verstehst.

Mache Dir das Naturell eines Menschen zunutze und versuche nicht ihn zu verändern.
Nur seine eigenen Stärken kann ein Mensch gewinnbringend einsetzen. Nimm ihn wie er ist, und stell Dich ihm zur Seite, dann seid ihr doppelt so stark wie jeder für sich.

Die Macht der Liebe

Die Macht der Liebe ist immer stärker als die Macht des Geldes.
Trift diese Aussage nicht zu, so besitzt man keine Liebe und
zählt zu den ärmsten Menschen dieser Welt.

Trennungsschmerz

Es sind solche Schmerzen,
die Trennung von Dir.
Ich spür sie im Herzen,
ich wünscht Du wärst hier.

Und wieder setzt der Herzschlag mir aus,
die Trennung von Dir, die ist mir ein Graus.
Die Tränen, sie fließen, steh'n mir im Gesicht,
ich möchte gern bleiben, doch kann ich es nicht.

Es sind solche Schmerzen,
die Trennung von Dir.
Ich spür sie im Herzen,
ich wünscht Du wärst hier.

Die Sehnsucht nach Dir, ins Herz dringt mir ein,
ich hab solche Schmerzen, ich könnte nur schrei'n.
Die Tränen, sie fließen erneut aus den Augen,
Tränen so groß, wie saftige Trauben.

Es sind solche Schmerzen,
die Trennung von Dir.
Ich spür sie im Herzen,
ich wünscht Du wärst hier.

Mit jeder Minute, die ich mich entfern,
spür ich Deine Liebe und hätt Dich so gern.
Die Plichten, sie rufen und treiben mich fort,
doch ich komme wieder, ich geb' Dir mein Wort.

Ende der Zweisamkeit

Die Zweisamkeit hast Du beendet,
damit mein Leben sich nun wendet.

Die Liebe zu Dir, noch längst nicht vergangen,
ist treibende Kraft meines eigen´ Verlangen.

Nur eine Akte

Ein Leben mit Dir, so sollte es sein,
Harmonie und Liebe zwischen uns Zwei´n.

Nun ist es vergangen, ist einfach verflogen.
Es hat nicht geklappt, weil wir uns belogen.

Was hatten wir uns nicht alles versprochen,
gesagt, getan und wieder gebrochen.

Nun stehen wir hier vor Menschen mit Roben,
wir hören nicht auf, es wird weiter gelogen.

Der Hammer der fällt, macht einfach nur Plopp,
das war unsere Ehe, ein einziger Flopp.

Und wenn wir gleich gehen, dann wissen wir gar,
wir sind uns nur in der Akte noch nah.

Amtsgang

Nun denn, meine Augen sind trocken, ich kann den Schmerz mit Tränen nicht mehr zeigen. Doch ich stelle noch eine Bitte:

„Oh Du Göttlicher, Du Ankläger, Du Richter und Henker in einer Person, Du, der von höchster Würde mit Kompetenz und Macht Gesegnete, kannst Du mir nicht gleich den Kopf abschneiden, als dass Du mich Stück für Stück bei lebendigem Laibe zerstückelst? So nehme doch wenigstens das Tuch, und halte es vor die blutige Tat, es ist schon schlimm genug, dass meine Kinder die Schmerzensschreie hören. Lasse sie nicht auch noch zusehen, wie endlos langsam und qualvoll der Saft meines Lebens von mir weicht."

Einsame Liebe, unendlicher Schmerz

Die Enge der Wände, sie kommt auf mich zu.
Die Leere der Räume, ich suche das Du.

Die Zeiten der Wärme vorbei sind gezogen,
die Nähe von Dir ist mir nicht gewogen.

Ich nehme die Schachtel, die ich so behüte,
die Schätze darin, verbleibende Güte.

Ein Foto von Dir ist was ich noch habe,
doch Tränen der Sehnsucht zerstören die Gabe.

Die Farbe des Bildes schon langsam vergeht,
der Schmerz meines Herzens in Flammen noch steht.

Die Tränen sie fließen, zerschellen am Bild.
Der Schmerz in der Brust, der wird nun ganz wild.

Verzweifelt reiß ich Dein Bild nun hinauf,
die Lippen verwischen die Tränen darauf.

Die Küsse des Bildes, an den Lippen ganz kalt,
der Schmerz meines Herzens, pure Gewalt.

Ich lege Dein Bild in die Schachtel hinein,
schließe den Deckel, bin wieder allein.

Ich spüre die Zeit, die im Schmerze vergeht,
spür einsame Liebe, die niemals verweht.

Das A & O

Wenn Du meinst, Du bist am Ende,
bist Du in Wahrheit an einem neuen Anfang.

Siehe selbst

Nur wer seine Niederlagen anerkennt, den
Fehler hierbei nicht immer bei Anderen sieht,
hat begriffen und daraus etwas gelernt.
Wer die Niederlagen und Fehler immer bei
Anderen sucht, lebt egoistisch und blind. Er
verpasst viele Chancen und wird niemals auf
die erfolgreiche Seite seines Lebens gelangen.

Merke...

Merke Dir nicht, was du gut gemacht hast,
behalte lieber, was Du falsch gemacht hast.

Mit Blindheit geschlagen

Erfolg wird oft verhindert, weil wir dem eigenem „Ich" mit Blindheit geschlagen gegenüber stehen.

Differenzen

Und morgen ist es nichts mehr wert.

Ob eine Million oder mehr Euro hier gemeint sind, ist absolut sekundär. Erst wenn man sagt: „Der Morgen ist nichts mehr wert!", dann wird es höchste Zeit, über den Wert nachzudenken, den man sich selber zuweist. Und der wird sicherlich nicht einmal sekundär in Euro gemessen!

Selbstfindung

Sich selbst zu finden ist für manche Menschen eine Aufgabe, die sie hoffnungslos überfordert.

Sterben

Vor dem Tod haben wir keine Angst,
wir haben Angst vor dem Sterben.

Felix

Der Schnee fiel dicht als ich zu Petra kam. Es war Sylvester, und
sie hatte zur Party geladen.
Das Wohnzimmer strahlte noch einen Hauch der Weihnacht aus.
Nur schwirrten auch einige Luftschlangen durch die Gegend,
und Luftballons lagen herum. Am Tisch saßen schon einige
Leute und lachten herzhaft über die Witze eines etwa 40jährigen
Mannes. Sie schienen sehr vergnügt, und so gesellte ich mich
mit meinem Glas Sekt zu dieser Gruppe. Der Mann, er stellte
sich mir als Felix vor, war derjenige, welcher in dieser Runde am
vergnüglichsten war. Gut gelaunt feuerte er seine scherzhaften
Sprüche in die Runde und brachte uns alle zum Lachen. Er hatte
eine angenehme Ausstrahlung und schien des Lebens froh zu
sein. Neben ihm saß Gaby, nur halb so gut gelaunt und zeitweise
herbe nachdenkliche Züge im Gesicht. Immer wenn Felix sie
sah, sah er ihr aufmerksam in die Augen, nahm die Zeigefinger
und formte seine Lippen zu einem breiten Grinsen. Dann
lachte er auf, erhob sich und ging zu Petra, um sein Glas Sekt
wieder füllen zu lassen. Während seiner Abwesenheit war die
Stimmung am Tisch bedrückend, und ich vermisste die fröhliche
ausgelassene Stimmung, die Felix verbreitete. Auch ich erhob
mich und gesellte mich zu einer weiteren Gruppe, die vor dem
Weihnachtsbaum zusammen stand und sich angeregt unterhielt.
Hier ging es um Urlaub. Gerade erzählte Jörg, dass er morgen
zum Skifahren ins Zillertal entfleuchen würde, als Felix sich zu
uns gesellte. Er stellte sich neben mich, und wir grinsten uns an.
Nach einer Weile sagte Felix, dass er auch gerne skifahren würde.

Die Unterhaltung ging dann um die lustigsten Abenteuer auf der Piste, und Felix war begeistert von dem Geist des Skifahrens. Noch in der nächsten halben Stunde war beschlossen, dass er mit Jörg mitfahren könne. Felix war außer sich vor Freude. Was man auch an seiner Art und Weise, wie er den Abend verbrachte, unschwer erkennen konnte.

Eine heitere Party nahm ihren Lauf, und Felix war mitten darin, einer der lustigsten Gäste, die ich je erleben durfte. Um Mitternacht versammelten wir uns alle in der Garagenaufahrt, bewaffnet mit Sekt und einigen Sylvesterraketen. Die letzten Sekunden wurden abgezählt, und pünktlich zu Mitternacht knallten die Korken der Sektflaschen. Natürlich war es Felix, der lachend eine riesige Fontaine des prickelnden Getränks in die Luft jagte. Die Gläser erklangen mit einem wunderschönen Ton und läuteten sanft das neue Jahr ein. Die Raketen flogen zischend in die Luft, wo sie knallend und pfeifend ihre schönen Sterne an den Himmel malten. Seltsamer Weise war ich wieder neben Felix gelandet und sah gerade zu ihm rüber. Er beobachtete den Himmel, und seine Augen strahlten eine Sehnsucht aus, die eines verliebten Blickes glich. Gaby stand an der anderen Seite und hatte ihren Arm um Felix gelegt. So standen sie beide da und betrachteten den Himmel, der sich von Sekunde zu Sekunde in anderen Farben präsentierte.

Es ist jetzt sechs Wochen her, ich stehe auf einem kalten Friedhof und lese die Inschrift auf einem neuen Grabstein: „Hier ruht Felix, trotz schwerer Krankheit und dem Wissen, bald sterben zu müssen, bis zum letzten Tag voll Lebensfreude. Auch der Tod kann ihm keine Sekunde davon nehmen."

Todesgedanke

Der Gedanke, dass Du sterben musst,
sollte Dich eigentlich leben lassen.

Meilensteine am Lebensweg

Niederlagen sind die Meilensteine am Wege meines Lebens. Bei jedem Stein bin ich ein wenig näher an meinem Ziel.

Steh auf

Nicht wenn Du mal hinfällst bist Du am Ende,
sondern, wenn Du nicht wieder aufstehst.

Als Kind hast Du laufen gelernt.
Bist Du nie gefallen?

Du hast das Fahrradfahren gelernt.
Bist Du nie gestürzt?

Und nun bist Du erwachsen,
und Du willst liegen bleiben?

Lehrpfade

Manchmal müssen wir Wege gehen, die voll Leid und Trauer sind. Wir müssen sie gehen, damit wir verstehen. Wir müssen sie gehen, dass wir erfahren, welcher Weg ins Glück führt.

Es ist niemals zu spät

Und wieder mal zu spät gekommen,
unendliche Zeit, Deinem Leben entronnen.

Du ziehst Dich zurück, Du igelst Dich ein,
Du siehst keinen Weg, darum lässt Du es sein.

Weißt nicht, was Du willst, kannst Dich nicht entschließen,
die Zweifel in Dir lassen Tränen gar fließen.

Hin und her, gedanklich zerrissen,
suchst Du die Lösung, gänzlich verbissen.

Jetzt steh endlich auf, es ist nicht zu spät,
mit Zielen, da werden Erfolge gesät.

Hey Unternehmer

Wo sind Deine Visionen geblieben?
Wo der Mut, mit dem Du früher die Ideen
angegangen bist?
Wo ist Dein Optimismus, der Dich stark gemacht hat?

Ich frage mich, ob Du noch Unternehmer bist.

Gegen den Wind zum Erfolg

Wer Erfolg haben will, hat immer mit Gegenwind zu
kämpfen.
Wer, um es leichter zu haben, mit dem Wind segelt,
kommt nie zum Ziel. Nur wer kreuzt, kommt trotz der
Umwege an.

Vision

Jedes Unternehmen wird ins Leben gerufen von einem
Optimisten mit Visionen, einem Unternehmer.

Der rechte Weg

Woher willst Du wissen, dass Du auf dem richtigen Weg bist,
wenn Du nicht einmal weißt, welches Ziel Du hast?

Unfalsch?

Dinge anders zu sehen als die Allgemeinheit bedeutet nicht,
dass man sie falsch sieht.
Es zeigt nur, dass man die Dinge anders überdenkt.

Augen-Merk

Es ist nicht von Nutzen, viel zu sehen,
den richtigen Nutzen bringt erst das
Verstehen.

Lebenshärte

Das Härteste, was Dir in Deinem eigenen Leben geschehen kann,
ist es, das zu tun, was Dein eigenes Ich Dir vorschreibt.

Selbstkritik

Ist es nicht mein Leben? Sind es nicht meine
Gedanken?
Warum soll ich also Deine Gedanken übernehmen?
Warum soll ich so leben wie Du das willst?

Bin nicht ich derjenige,
dem ich Rechenschaft darüber geben muss,
was und wie ich lebe?

Lebensblüte

Noch bin ich stark, noch kann ich bestehen,
doch lange kann das so nicht mehr gehen!

Motivation der Träume

Träume motivieren uns, sie lassen uns Taten vollbringen,
zu denen wir ohne sie nicht in der Lage wären.

Lebenstraum

Lebe Deine Träume, denn Deine Träume leben mit Dir.

Räume für Träume

Ein Wunsch steht selten alleine im Raum,
begleitet wird er vom persönlichen Traum.

Die Augen geschlossen, entspannt liegst Du da,
siehst all Deine Wünsche, bist ihnen so nah.

Der Wecker, der klingelt, nun ist es zu spät,
er reißt Dich hinaus in die Realität.

Dein Leben, Du hasst es, es ist Dir ein Graus,
drum weichst Du so gern in die Traumwelt ihm aus.

Doch öffne die Türe und wechsle den Raum,
erleben wirst Du einen weiteren Traum.

Du siehst viele Räume, und Träume entsteh'n,
in vielen wirst Du Deine Wünsche dann seh'n.

Hör nie auf zu träumen, hör nie damit auf,
sonst hast keine Wünsche und gehst dabei drauf.

Hast dieses gelesen und lebst Du es dann,
kommst irgendwann im Leben Du an.

Dann nutze die Kraft, die Träume Dir geben,
nutze sie aus, im wirklichen Leben.

Vertan, vertan...

Verbringst Du Deine Zeit mit der Suche nach etwas, was es nicht zu finden gibt, so kann es sein, dass Du Dein Leben gänzlich verwirkst.

Erfolgsrezept

Es macht weniger schlapp,
wer ein Ziel vor Augen hat.

Liegt das Ziel noch in der Ferne,
wirst verweilen Du vor Härme.

Drum nimm Dir vor, was Du auch kannst,
damit Du an Dein Ziel gelangst.

Sagst: Morgen bin ich Millionär,
bleibst meistens Du ein Visionär.

Sagst: Morgen werde ich was sparen,
kannst übermorgen Neues wagen.

Raststätte

Wer immer nur von Ziel zu Ziel hechtet,
verpasst die wichtigen Pausen, die er
benötigt, um zu regenerieren.

Saat und Ernte

Bevor Du ernten kannst, musst Du säen.
Bevor Du schlachten kannst, musst Du mästen.
Wer mein Geld will, muss es mich verdienen lassen.

Kartoffelreichtum

„Arm war ich und hungrig. Ich aß unheimlich gerne Kartoffeln. Eine wurde mir gegeben. Ich hatte die Wahl, diese zu essen. Doch ich habe sie mir angesehen und an ihr zwei Keime entdeckt. Daraufhin zerschnitt ich die Kartoffel in vier Teile. Zwei pflanzte ich ein, und von den anderen Zweien ernährte ich mich bis zur Ernte. Diese fiel reichhaltig aus. Wieder pflanzte ich die Hälfte ein. Das machte ich mehrere Male. Heute nennt man mich einen reichen Mann. Aber glauben Sie, dass noch einer sieht, wie ich vor Hunger in der ersten Zeit gelitten habe?"

Kritik

Steh Dir selber mal genauso kritisch gegenüber
wie Deinem Gegenüber.

Scheuklappen

Unsere Gesellschaft setzt uns Scheuklappen auf, zwingt uns, in eine „wirtschaftliche" Richtung zu sehen. Die Scheuklappen verhindern den Blick zur Seite und nötigen uns, nur einem Blick zu folgen. Verspürst Du die Scheuklappen, so bleibe stehen und warte, bis man sie Dir abnimmt. Dann siehst Du auch die schönen Seiten am Rande Deines Lebens.

Workoholieber

Ein erfüllender Job ist wie die Liebe,
man geht gänzlich darin auf!

Aber wer die Liebe aufgibt,
findet auch keine Erfüllung im Job.

Gespielter Führungsstil

Unsere Gesellschaft spielt Monopoly: Alles oder Nichts. Ich spiele Schach. Das Ende ist gleich. Einer wird gewinnen. Doch ich als Schachspieler werde gewinnen. Ich werde aus dem Grunde gewinnen, weil ich viele kleine Bauern gerettet habe, die im weiteren Verlauf zu Damen werden.

Möglicherweise werde nicht ich es sein, der die Schlossallee kaufen kann. Aber einer der von mir geretteten Bauern wird es sein. Und dieser wird mir Schutz geben und mich aufnehmen in seinem Haus.

Freiheitstraum

Der Wind trägt die Möwe ganz leicht vor sich her,
der Delfin schwimmt hinaus auf das offene Meer.

Der Schwan zieht entlang dort am Horizont,
während die Echse sich auf den Steinen nur sonnt.

Die Sonne geht unter und auch wieder auf,
das Leben geht weiter und nimmt seinen Lauf.

Ich sitze nun hier auf meinem Balkon,
sehn mich nach Freiheit und träume davon.

Ich habe Glück

Ich habe das Glück, der sein zu dürfen, der ich bin. Ich kann das,
weil ich mir selber treu bin. Ich habe das Glück, mich ausdrücken
zu können, ich kann das, weil ich kein Blatt vor den Mund
nehmen muss.

Freiheit

Freiheit, wer sucht sie nicht. Das Entfliehen vor Zwängen, die uns das Leben auferlegt. Menschen haben unterschiedliche Empfindungen von Freiheit. Das Naturell eines Menschen sieht Freiheit immer mit den eigenen Augen.

Manche Menschen sehen Freiheit in dem Leben als Almhirt, andere in dem Leben als Auswanderer in Neuseeland. Auch das Cabrio oder das Motorrad sind Synonyme für Freiheit, ebenso wie die Segelyacht oder das Meer.

Ein Reiter sieht die Freiheit auf dem Rücken seines Pferdes und der Taucher in der Schwerelosigkeit der Tiefe.

Doch was ist Freiheit? Nur eine subjektive Empfindung? Ist sie ein undefinierbarer Begriff, der nicht für jeden zugänglich ist? Die Antwort darauf mag sich jeder individuell selber geben, an dieser Stelle wird diese Freiheit eingeräumt.

Auf der Suche nach der eigenen Freiheit stößt man immer wieder auf Probleme. Insbesondere, wenn man die Freiheit als alleiniges Gut betrachtet. Eine absolute Freiheit hat keinen Wert. Mit der Zeit verliert sie den Reiz und Langeweile tritt ein. Freiheit wird von Genuss zur Qual. Freiheit kann also nicht dauerhaft gelebt werden. Ohne Zwang und somit ohne Grenzen, verliert sie ihren eigentlichen Wert, den unser aller Leben braucht. Eben ein bisschen Freiheit. Ein Kompromiss im Leben zwischen Pflicht und Genuss.

Bondage – Fesseln der Freiheit

Ich möchte wieder Kind sein, der Verantwortung für mein Leben und meinen Gefühlen entfliehen. Nimm diese Last von mir, binde mich mit den Fesseln der Freiheit. Nehme mir die Freiheit, damit ich frei sein kann. Frei für die wahren Empfindungen meines Ichs.

Die Zeit heilt alle Wunden.

Wenn sie denn nicht tödlich waren.

Time-Out

Man kann die Uhr anhalten, die Zeit bringt man aber nicht zum
Stehen. Stoppt man die Uhr, so hat man also keinen Zeitgewinn.
Folglich sollte man die Stunde nutzen.

Die Zeit

Die Zeit, oft nur ganz kurz empfunden,
wird manches Mal zu langen Stunden.

Langsam nur die Zeiger gehen,
wann kommt die Zeit, wo wir uns sehen.

Erwartungsvoll guckt man zur Uhr,
was, so ein paar Minuten nur?

Die Zeit will gar nicht mehr verfliegen,
man könnte fast die Krise kriegen.

Der Blick schweift wieder mal zur Uhr,
doch immer sind's Minuten nur.

Wann wird man sich denn endlich sehen,
wann wird die lange Zeit vergehen.

Wie kriegen wir die Zeit nur tot,
da tät' so mancher Ratschlag Not.

Doch endlich dann nach langer Zeit,
da ist es schließlich doch so weit.

Die Zeit, die uns dann wird gegeben,
ist die schönste in unserem Leben.

Ach Mensch, das ist ja wirklich dumm,
wie schnell ist diese Zeit dann um.

MagicDream

Mein Chat-Name: MagicDream, falsche Flucht in irreale
Computerwelten.
MagicDream, verdammt real irreal: Ausbruch!

Lass mich nicht allein

Die Welt ist dunkel, und ich bin allein,
so schrecklich allein, ich fühl mich ganz klein.

Der Sinn meines Lebens, ich kann ihn nicht sehen,
ach würde mir jemand doch mal einen geben.

Schon lange Zeit hab ich alleine verbracht,
hab durchgezecht so manche Nacht.

Hab zärtlich im Chat die Damen verwöhnt,
und fühlte mich meistens dennoch verhöhnt.

Das Leben, es hatte so gar keinen Sinn,
wo brachte mich nur dieses Leben hin?

So rein virtuell im Leben zu stehen,
ein richtiger Sinn ist da nicht zu sehen.

So gingen die Stunden, so gingen die Wochen,
Monate sind langsam vorbei gekrochen.

Nun stöpsel ich aus und lösche das Licht,
so rein elektronisch geht es halt nicht.

Oase

Liebe ist die Oase in der Mitte der Wüste unseres Lebens.

Ein schönes Gefühl

Ein Gefühl, so schön wie mein Leben,
als würde in den Lüften ich schweben.

Ein Gefühl, das macht mich ach so leicht,
sich immer weiter ins Herze mir schleicht.

Ein Gefühl, so beklemmend und doch so frei.
Ich wünsche mir, es geht niemals vorbei.

Ich weiß nicht wie andere es nennen,
ich will mich zu dieser Liebe bekennen.

Tränen sie fließen

Tränen, Zeugen von Gerührtheit. Sowohl im Zeichen der Trauer
als auch im Zeichen des höchsten Glücks.
Ich weine. Ich habe das Glück, Dich zu lieben.
Doch meine Tränen kommen daher, dass Du meine Liebe
erwiderst.

Sonnenstrahlen

Die Strahlen streicheln sanft die Haut,
es ist die reinste Wonne.
Die Wärme ist Dir wohl vertraut,
denn es ist unsre Sonne.

Am strahlend blauen Himmel steht,
der schöne warme Ball,
nur langsam etwas weiter geht,
doch wärmt Dich überall.

Vergessen ist des Winters Harm,
ein Licht ist aufgegangen,
die Strahlen machen Dich so warm,
weil sie ins Herz gelangen.

Drum nutze diese warme Zeit,
nutze diese Wonne.
Denn bald ist ´s wieder mal so weit,
die Tage ohne Sonne.

Und ist mal wieder kalte Zeit,
es will Dir nichts gelingen,
dann mach Dich einfach schon bereit,
dass Strahlen in Dich dringen.

Über den Autor

Jörg Wilhelm Naber wurde 1962 in Burgsteinfurt im Münsterland geboren und verbrachte dort seine Kindheit und Schulzeit. Nach einigen beruflichen Jahren in München zog es ihn im Jahr 2007 zurück in seine alte Heimat.

Seine Textsammlung „zuckersüß & knüppelhart" spiegelt nicht nur seine Worte wider, sondern auch die Essenz von Jörg Wilhelm Naber selbst. In Gedichten, Geschichten und Gedanken manifestieren sich Kontraste, die Höhen und Tiefen seines Lebens, sowie die Hoffnung, die sein Werk durchdringt. Diese schenken tiefgehende Einblicke in die Seele dieses Mannes.

Heute ist Jörg Wilhelm Naber im Südschwarzwald beheimatet, wo er mittlerweile als Personal- und Entspannungstrainer tätig ist. Sein Werk findet oft Anwendung bei seinen Klienten, wobei das Buch genügend Raum für eigene Gedanken lässt. Wie Naber betont: „Ich sehe das Buch nicht nur als lyrisches Werk, sondern oft auch als ein Arbeitsmittel, ein Hilfsmittel für Menschen, die ähnliche Situationen durchleben."